A travers les pages de ce
livre, Nicolas et Coca
partent à la rencontre du
monde.
Il te suffit de les suivre
pour faire le plus
merveilleux des voyages :
celui de la découverte.

© 1990 HAPPY BOOKS, Milan
© 1991 Les Éditions Héritage Inc.
Dépôts légaux: 3e trimestre 1991
ISBN: 2-7625-6671-1
Imprimé en Italie

Emanuela Bussolati

DÉCOUVRE LE MONDE

Illustrations de Sabrina Orlando

Texte français de Monique Lantelme

Héritage jeunesse

SOMMAIRE

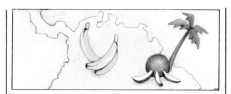

NAITRE ET GRANDIR

graine de pommier graine de pavot (coquelicot)

La graine contient tout ce qui est nécessaire au développement de la plante.

Protégées par la terre, les graines se développent. Les plantes poussent vers la lumière.

Le pommier grandit pendant plusieurs années. Le pavot grandit en une saison.

A la chaleur de son corps, la poule couve ses œufs.

Quand les poussins sont complètement formés, ils cassent la coquille.

Les poussins sont sortis de l'œuf. Ils deviendront soit un coq, soit une poule.

Un mois après, les poussins ont grandi et ont une petite crête. Il est difficile de distinguer le mâle de la femelle.

Maintenant les poussins sont devenus un coq ou une poule. Bientôt d'autres poussins naîtront.

Les petits chiens têtent le lait de leur mère. Ils ont envie de grandir très vite.

A quatre mois les chiots sont indépendants, curieux et joueurs. Quand ils seront adultes, ils auront à leur tour des petits.

Développement : c'est la transformation de tout ce qui grandit.

Si tu veux semer et faire pousser des plantes, suis les conseils de la page 61.

Un homme et une femme s'aiment : s'ils le veulent, ils deviendront papa et maman.

Pendant neuf mois le bébé grandit, bien protégé, dans le ventre de sa maman.

Le bébé est né : il pleure, tête et dort.

A trois mois, il soulève la tête et sourit.

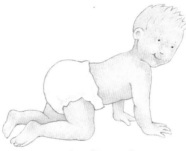

A six mois, il s'assied.

A dix mois, il va à quatre pattes. A seize, il marche et dit ses premiers mots. A deux ans, il sait dessiner.

A huit ans, il est grand ! Il s'habille tout seul et invente des jeux.

Entre huit et douze ans, l'enfant continue à grandir. Entre douze et seize, son corps se transforme encore : il devient adulte. Quand il sera plus grand, il aura envie d'avoir une famille et des enfants.

9

Si tu veux faire le livre qui raconte ta vie, lis page 58.

QU'Y A-T-IL DANS TON CORPS ?

Tu as froid ou chaud parce que les nerfs qui existent sous la peau transmettent au cerveau des informations sur la température extérieure.

Les os sont comme l'armature d'une tente : sans eux le corps ne peut se tenir seul.

Pourquoi rougis-tu ? Quand tu ressens une émotion, le cœur pompe ton sang plus vite et il afflue sous la peau en plus grande quantité.

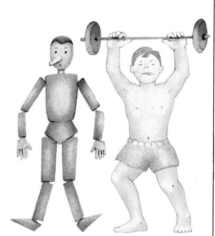

Si les nerfs t'informent que la flamme brûle, le cerveau ordonne à tes muscles de se contracter pour s'éloigner du feu.

La fièvre est une augmentation de la température du corps, qui permet au sang de combattre les infections.

Les tendons et les muscles servent à relier les différentes parties du squelette. Ils permettent les mouvements.

Pourquoi tient-on en équilibre ? Pour construire un mur, le maçon s'aide d'un fil à plomb et d'un niveau.
Il existe dans ton oreille un mécanisme, semblable à ces outils, qui communique avec le cerveau à travers les nerfs et peut t'empêcher de tomber.

De quelle façon peux-tu t'habiller ? Découvre-le page 22.

Infection : une blessure rougie ou qui donne du pus est une blessure infectée.

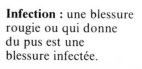

Si l'air est pollué, les poumons filtrent mal l'oxygène de l'air que tu respires et le sang s'empoisonne.

Pourquoi transpires-tu quand il fait chaud ? C'est une aide que le corps te donne : les gouttes de sueur servent à rafraîchir la peau.

Pourquoi ressembles-tu à tes parents ? Les caractéristiques de tes parents étaient contenues dans la première cellule à partir de laquelle tu t'es développé. Certaines t'ont été transmises.

La couleur de la peau dépend de deux substances : la mélanine qui donne la couleur foncée et le carotène qui donne la couleur claire.

Où va ce que tu manges ? Les cellules de ton corps ont besoin d'être nourries : la nourriture est donc transformée pour être absorbée par le sang. Il la distribue aux cellules.

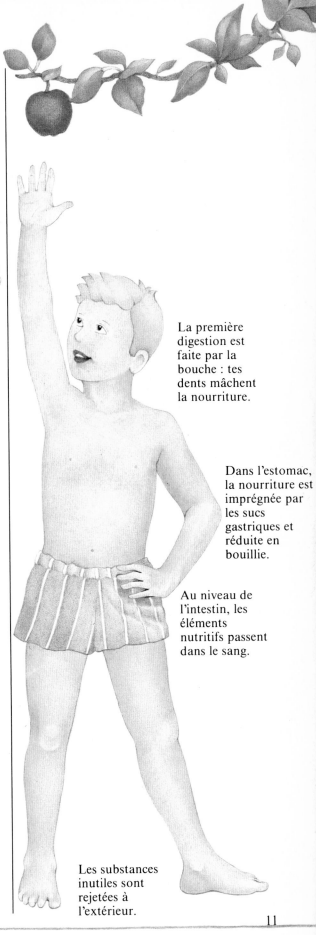

La première digestion est faite par la bouche : tes dents mâchent la nourriture.

Dans l'estomac, la nourriture est imprégnée par les sucs gastriques et réduite en bouillie.

Au niveau de l'intestin, les éléments nutritifs passent dans le sang.

Les substances inutiles sont rejetées à l'extérieur.

11

Quelles activités te permet ton corps ? Reporte-toi page 12.

Comment doit-on se nourrir ? Découvre-le page 14.

ILS FONT DU SPORT

alpinisme

ski nautique

ski

bobsleigh

hockey

golf

judo

base ball

gymnastique

jogging

équitation

12

Il y a des records
même chez les
animaux.
Regarde
page 49.

deltaplane

planche à voile

canoé

voile

natation

football

tennis

cyclisme

escrime

L'Homme veut toujours sauter plus haut ou réussir des exercices plus dangereux. Il aime être au contact de la nature et mettre à l'épreuve ses capacités physiques. Même quand ce n'est pas pour être le plus fort, le sport aide à être en forme et en bonne santé.

13

Si tu veux préparer un jeu d'épreuves pour tes amis, va à la page 58.

MANGER, C'EST CONSTRUIRE SON CORPS

Chaque nourriture apporte des substances indispensables à la santé. Quand tu as faim, ton corps t'en avertit, mais il ne t'informe pas toujours de ce que tu dois manger. Pourtant tu ne pourras te sentir bien que si tu manges de tout : viande, poisson, fruits, légumes et fromages. Si tu ne mangeais que du chocolat, il n'apporterait pas à ton corps tout ce qu'il lui faut pour grandir et rester en bonne santé.

Après avoir mangé un dessert, il faut se brosser les dents avec soin, parce que le sucre est une des causes principales des caries.

La peau et la pulpe des fruits aident au bon fonctionnement de l'intestin.

Si tu veux avoir une vue perçante, mange beaucoup de carottes et de myrtilles.

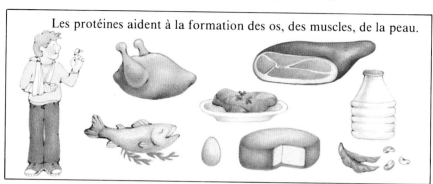

Les protéines aident à la formation des os, des muscles, de la peau.

Les hydrates de carbone donnent de l'énergie et maintiennent la température du corps.

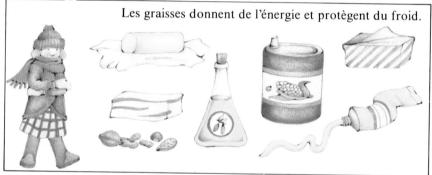

Les graisses donnent de l'énergie et protègent du froid.

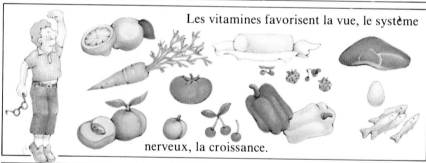

Les vitamines favorisent la vue, le système nerveux, la croissance.

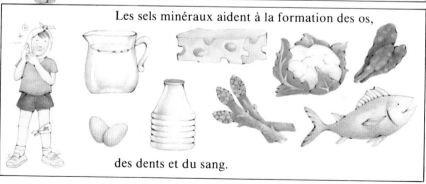

Les sels minéraux aident à la formation des os, des dents et du sang.

14

A quoi sert le système nerveux ? Va voir page 10.

Les hommes ont inventé plusieurs façons de
conserver la nourriture, comme de transformer les
fruits en confiture.

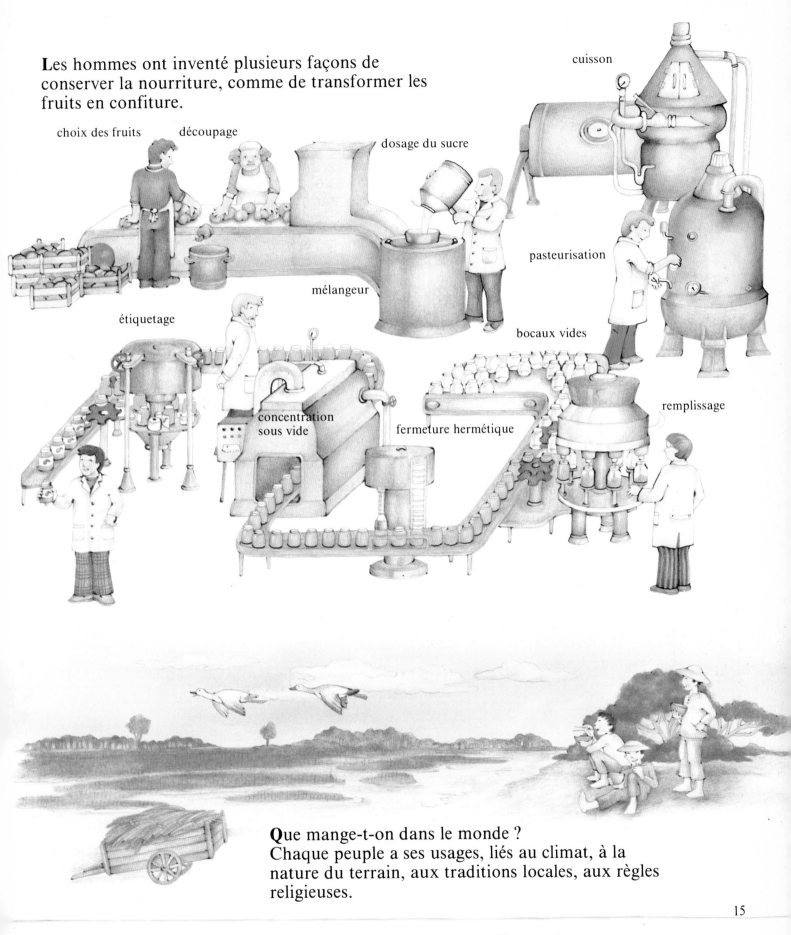

cuisson

choix des fruits

découpage

dosage du sucre

mélangeur

pasteurisation

étiquetage

bocaux vides

concentration
sous vide

fermeture hermétique

remplissage

Que mange-t-on dans le monde ?
Chaque peuple a ses usages, liés au climat, à la
nature du terrain, aux traditions locales, aux règles
religieuses.

15

La **pasteurisation** élimine
les microbes sans changer
les caractéristiques
de la nourriture.

Si tu veux faire
une recette exotique,
regarde page 58.

LA NOURRITURE DANS LE MONDE

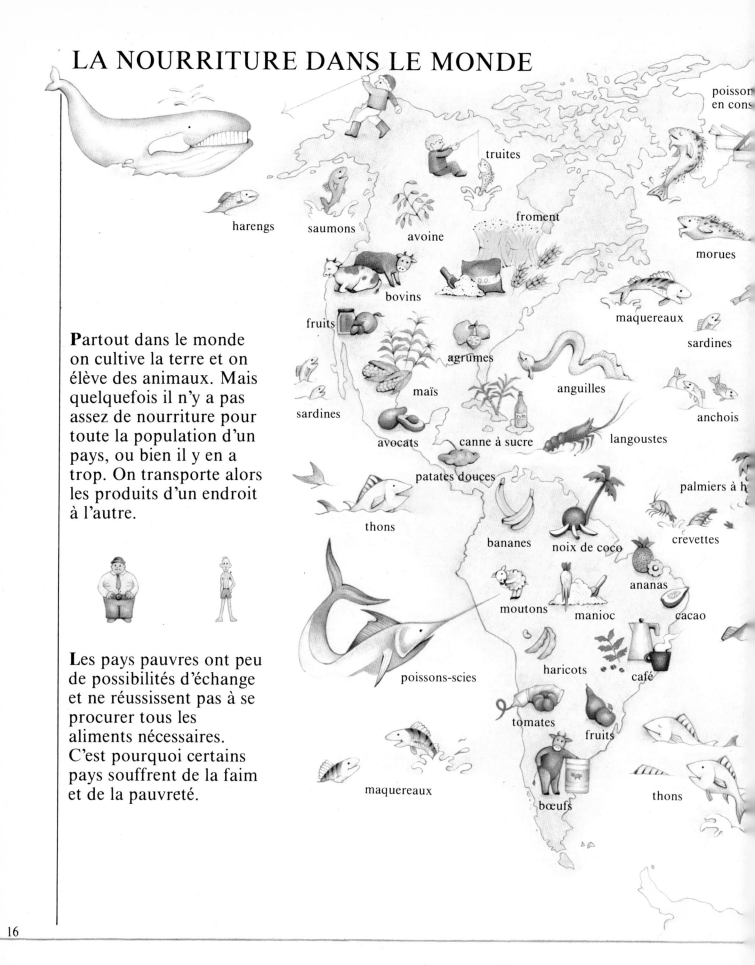

Partout dans le monde on cultive la terre et on élève des animaux. Mais quelquefois il n'y a pas assez de nourriture pour toute la population d'un pays, ou bien il y en a trop. On transporte alors les produits d'un endroit à l'autre.

Les pays pauvres ont peu de possibilités d'échange et ne réussissent pas à se procurer tous les aliments nécessaires. C'est pourquoi certains pays souffrent de la faim et de la pauvreté.

poisson en cons
harengs
saumons
avoine
truites
froment
morues
bovins
fruits
maquereaux
agrumes
sardines
maïs
anguilles
sardines
anchois
avocats
canne à sucre
langoustes
patates douces
palmiers à h
thons
crevettes
bananes
noix de coco
ananas
moutons
manioc
cacao
haricots
café
poissons-scies
tomates
fruits
maquereaux
bœufs
thons

Manioc : racine dont on fait une farine.

harengs

moutons

orge

seigle

porcs

froment

pommes de terre

tournesol

saumons

harengs

bière

riz

...es de terre

betterave sucrière

caviar

moutons

raisin

vaches laitières

maïs

moutons

esturgeons

moutons

agrumes

fromages

fruits

porcs

animaux de basse-cour

...n

agrumes

...serve

olives

raisin

agrumes

sardines

raisin

légumes

amandes

agrumes

chevaux

cannelle

...laille

figues

oignons

chèvres

riz

sésame

palmiers-dattiers

palmiers-dattiers

thé

mangues

ananas

mil

cacao

chèvres

thons

mollusques

fruits de l'arbre à pain

bananes

café

...arracuda

arachides

poivre

clous de girofle

fruits

crustacés

noix de coco

crevettes

moutons

...naquereaux

papayes

vanille

moutons

canne à sucre

froment

mulets

sardines

moutons

krills

17

Krill : crustacés
des mers froides qui
sont la nourriture
des baleines.

Pourquoi la nourriture
aide-t-elle
à bien se porter ?
Lis-le page 14.

LES ANIMAUX, SOURCE DE VIE

Les premiers hommes chassaient pour se nourrir. Ils ont dessiné des scènes de capture sur les parois des grottes.

Quand l'Homme est devenu berger, il a appris à utiliser d'autres ressources animales, comme la laine des moutons.

Aujourd'hui, de nombreux animaux chassés pour leur fourrure ou leur peau, risquent de disparaître.

Pour les Indiens, le bison était une source de vie importante. Ils en tiraient la viande pour se nourrir, la peau et les os pour fabriquer des outils, des armes, des vêtements, des chaussures et des tentes.

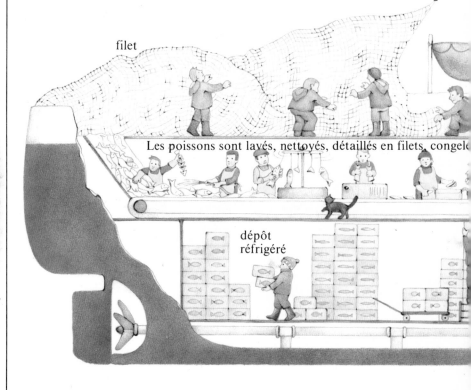

filet

Les poissons sont lavés, nettoyés, détaillés en filets, congelés

dépôt réfrigéré

Découvre page 22 les animaux qui donnent à l'Homme de quoi s'habiller.

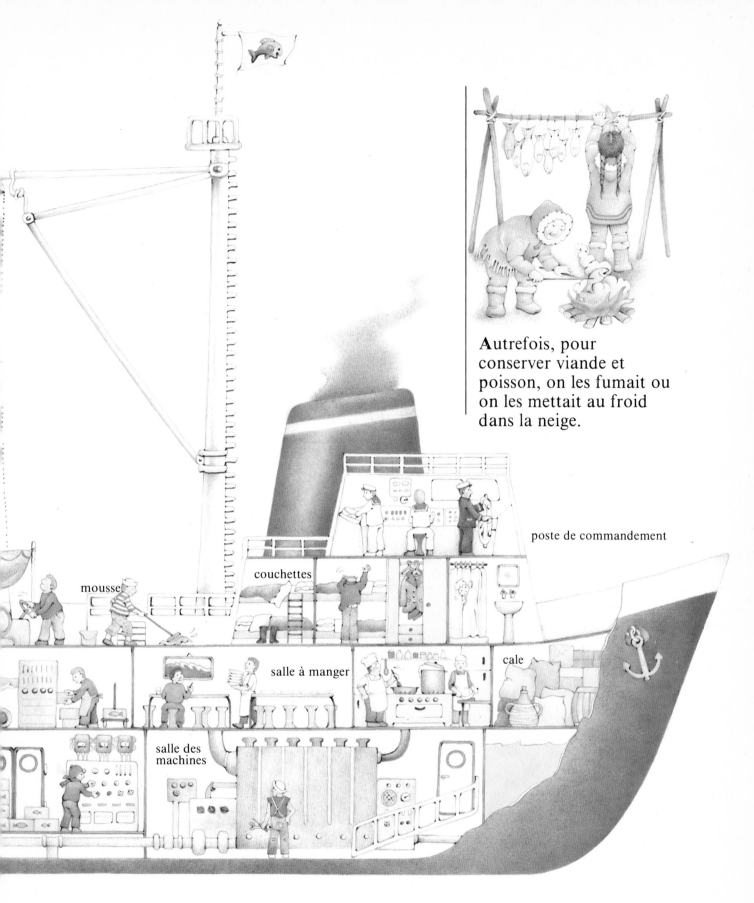

Autrefois, pour conserver viande et poisson, on les fumait ou on les mettait au froid dans la neige.

poste de commandement

couchettes

mousse

salle à manger

cale

salle des machines

Aujourd'hui il existe des bateaux utilisés pour pêcher et conserver. On les appelle bateaux-usines.

Retrouve page 51 les animaux dans leur environnement.

LES TYPES D'HABITATION

caverne

tente

maison de pierre

maison sur pilotis

igloo

maison africaine

Les hommes ont connu plusieurs types de logement pour s'abriter et y élever leurs enfants : ils se sont d'abord réfugiés dans des grottes naturelles, puis ont construit des abris de bois et cousu des tentes en peau ou en tapis. Ensuite sont apparues les maisons de terre battue et les habitations en pierre ou en brique. Mais la maison est aussi l'endroit où l'Homme garde les objets qui lui sont chers.

chariot de pionnier

20

Si tu veux travailler l'argile comme les hommes primitifs, va voir page 59.

maison de Pompéi

Pompéi : riche cité
de l'empire romain
détruite par
l'éruption
du Vésuve en l'an 79.

Découvre
page 56
les métiers
de l'Homme.

21

LES VÊTEMENTS

La laine de l'écharpe provient de la toison des moutons.

Le cuir et la peau des chaussures viennent des veaux.

Le tissu de la veste provient du pétrole.

Nos vêtements sont faits avec des matériaux naturels ou des fibres créées par l'Homme.

Le coton du jean vient du filage de la fleur de coton.

astronaute

ouvrier

femme enceinte

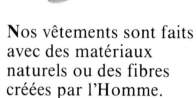

jardinier

moine

cavalière

joueur de football U S

ballerine

Égyptien

Indienne

Péruvienne

Esquimau

Hawaïenne

Européen

Nigérienne

demoiselle d'honneur

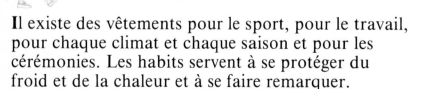

mariés

Il existe des vêtements pour le sport, pour le travail, pour chaque climat et chaque saison et pour les cérémonies. Les habits servent à se protéger du froid et de la chaleur et à se faire remarquer.

A chaque sport correspond une tenue. Regarde page 12.

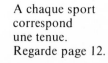

Les saisons ont une influence sur la façon de s'habiller. Regarde page 38.

préhistoire

Égypte antique

civilisation crétoise

Grèce antique

Rome antique

Moyen-Age : courtisans

Moyen-Age : paysans

Moyen-Age : Vikings

Renaissance

XVIème siècle

XVIIème siècle

XVIIIème siècle

XIXème siècle : famille bourgeoise

XIXème siècle : style Empire

Révolution Française

XXème siècle :
Années 30

XXème siècle : Années 80

XXème siècle :
Années 60

Les façons de s'habiller ont changé au cours des
siècles, et chaque époque a connu des modes
différentes.

23

Découvre
l'intérieur d'une
maison romaine
antique page 21.

DÉCOUVRE LE MONDE VÉGÉTAL

Le monde végétal est immense. Plantes et fleurs poussent partout, même dans le désert... Même en haut des montagnes, il en existe de toutes petites qui vivent accrochées aux rochers.

rose

belladone

De nombreuses herbes, des fruits et des écorces sont utilisés comme médicaments. Il faut bien les connaître car certains peuvent être très nocifs.

pomme de pin

En montagne, les arbres sont des résineux avec des feuilles en forme d'aiguille et des fruits ligneux coniques, faits pour résister au froid.

aiguilles

Il existe des milliers d'herbes et de fleurs différentes. Tu peux en découvrir en observant un carré de pré.

sapin

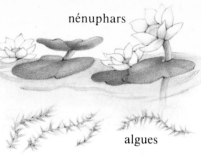
nénuphars

algues

Il y a aussi des végétaux dans les rivières et la mer : les algues et les plantes aquatiques.

bonsaï

Les plantes s'adaptent à l'environnement en prenant diverses formes.

Dans le désert, certaines plantes ont des piquants à la place des feuilles pour retenir l'humidité.

plante grasse

Le lin des draps, le coton des vêtements, le chanvre dont on fait les sacs proviennent de plantes dont on utilise les fibres ou les fruits pour obtenir un fil à tisser.

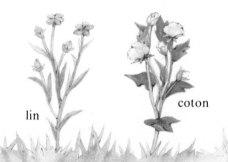
lin   coton

Pour observer les milieux naturels, va page 51.

Il est facile de constituer un herbier : lis les conseils page 61.

On peut lire l'âge d'un arbre sur un tronc coupé : va voir page 60.

porc

pigeons

âne

oie

lapine et lapereaux

dindon

chat

chien de berger

et découvre la ferme

LES ANIMAUX DE COMPAGNIE

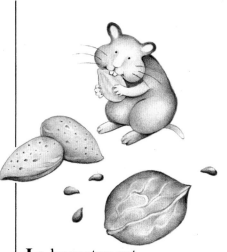

Si tu as un poisson rouge, ne lui donne jamais de bouts de pain et ne mets pas d'eau froide dans son bocal.

Le hamster est gourmand de graines de tournesol et de fruits. Il fait provision de nourriture à l'intérieur de ses joues.

Pour élever une tortue terrestre, il faut de l'eau fraîche et propre, des fruits et des légumes.

Tous les chiens, du gros Saint-Bernard au petit Chihuahua, sont les meilleurs amis des enfants.

Si tu veux apprendre quelques mots à un mainate, répète-les lui tous les soirs.

Découvre page 59 comment apprivoiser les animaux.

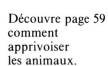

Les seuls oiseaux à pouvoir vivre en cage sont ceux qui ont été élevés dans ce but.

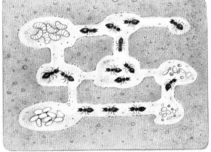

Si tu aimes les reptiles et les insectes, tu peux les élever dans un terrier en leur donnant eau et nourriture.

Pour construire un terrier, il te suffit d'un bassin rempli de terre, de pierres et de plantes.

L'écureuil aime creuser et faire l'acrobate. Il est fou des pommes et des arachides.

Le chat est un chasseur-né, mais il vit très bien à la maison et devient vite propre.

Les oiseaux en liberté viendront dans ton jardin s'ils y trouvent des perchoirs avec de la nourriture et de l'eau.

Pour préparer
un aide-mémoire
concernant tes animaux,
va page 59.

Perchoirs : petites planches où poser eau et nourriture pour les oiseaux.

LE FLEUVE

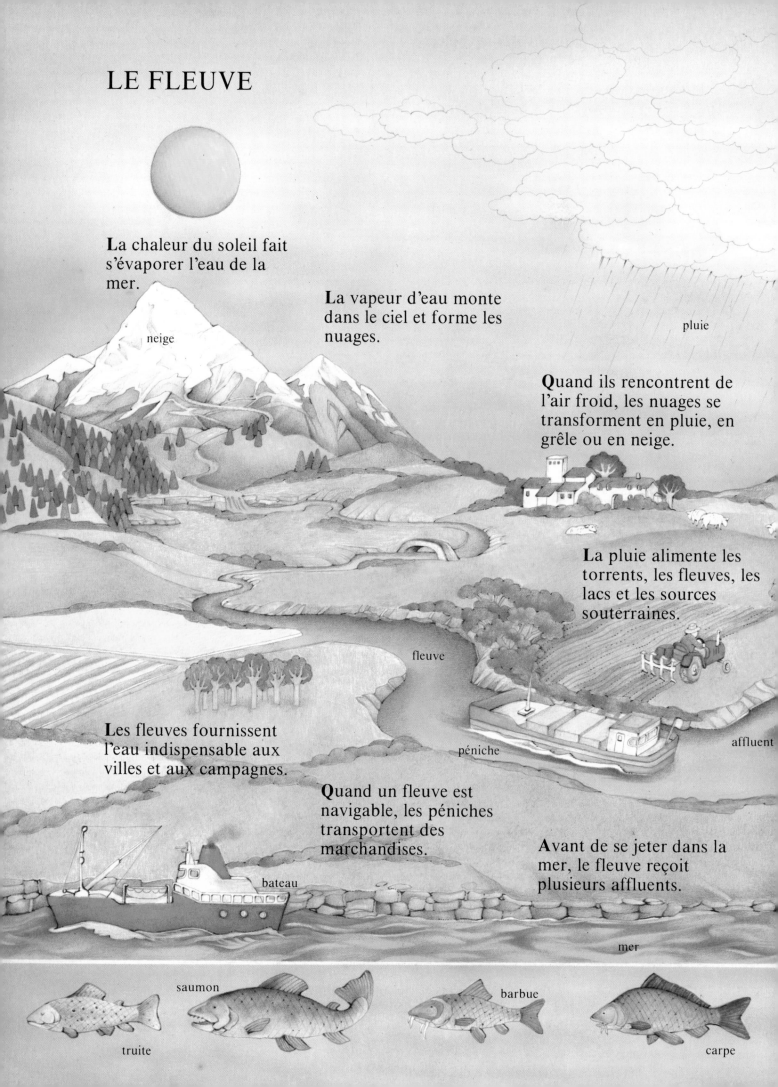

La chaleur du soleil fait s'évaporer l'eau de la mer.

La vapeur d'eau monte dans le ciel et forme les nuages.

Quand ils rencontrent de l'air froid, les nuages se transforment en pluie, en grêle ou en neige.

La pluie alimente les torrents, les fleuves, les lacs et les sources souterraines.

Les fleuves fournissent l'eau indispensable aux villes et aux campagnes.

Quand un fleuve est navigable, les péniches transportent des marchandises.

Avant de se jeter dans la mer, le fleuve reçoit plusieurs affluents.

neige

pluie

fleuve

péniche

affluent

bateau

mer

truite

saumon

barbue

carpe

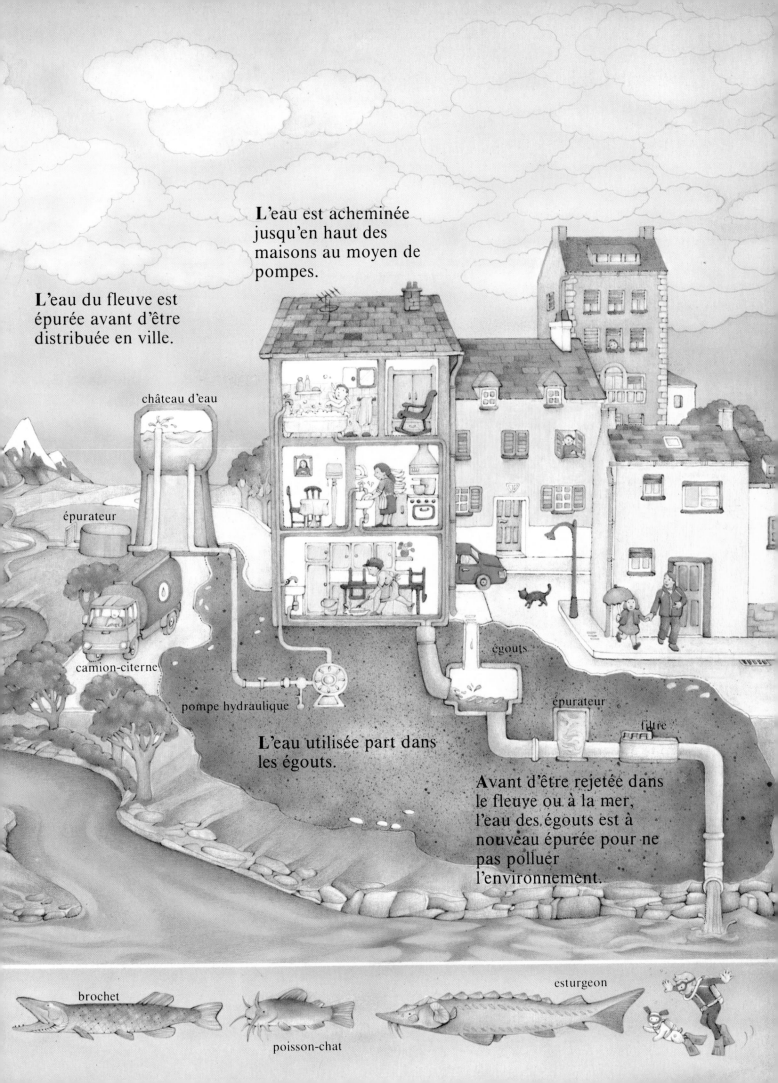

L'eau est acheminée jusqu'en haut des maisons au moyen de pompes.

L'eau du fleuve est épurée avant d'être distribuée en ville.

château d'eau

épurateur

camion-citerne

pompe hydraulique

L'eau utilisée part dans les égouts.

égouts

épurateur

filtre

Avant d'être rejetée dans le fleuve ou à la mer, l'eau des égouts est à nouveau épurée pour ne pas polluer l'environnement.

brochet

poisson-chat

esturgeon

LA MER

Des courants traversent les océans et entraînent des eaux plus froides ou plus chaudes d'un endroit à l'autre.

barques

récifs

baie

golfe

Les mers et les océans occupent la plus grande partie de la terre.

anse

promontoire

L'eau des mers et des océans n'est jamais immobile : le vent provoque des vagues.

bateau à voile

péninsule

planche à voile

côte sableuse

navire

Les marées font monter et baisser le niveau de la mer deux fois par jour.

phare

port artificiel

canal

36

seiche

langouste

murène

daurade

méduse

élevage de crustacés

fosse

La mer est importante pour l'Homme : outre la pêche en pleine mer, il pratique l'élevage de poissons et de crustacés près des côtes.

hélicoptère

La couleur de la mer dépend de la couleur du ciel qui s'y reflète et de la profondeur de l'eau.

poissons volants

dauphins

bateau de pêche

plateforme pétrolière

A partir de plateformes spéciales, l'Homme creuse le fond de la mer à la recherche de minerai ou de pétrole.

Des millions de plantes et d'animaux vivent dans la mer.

île

mouettes

Les fonds marins sont très variés : il existe des plaines et des montagnes, des abîmes et des volcans.

côte rocheuse

Sur les côtes, l'Homme a construit de grands bassins où l'eau de mer en s'évaporant donne du sel : ce sont les marais salants.

marais salant

lagune

37

rémora

requin

maquereau

poisson-lune

raie

DÉCOUVRE LES PHÉNOMÈNES NATURELS

Pourquoi fait-il jour et nuit ? Fais tourner sur elle-même une fourchette plantée dans une pomme et fais tourner le tout sous une lampe allumée.

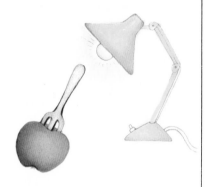

Au fur et à mesure que la pomme tourne autour de la lampe, tu remarqueras qu'elle a une partie dans l'ombre et l'autre dans la lumière.

La pomme représente la Terre, la lampe le Soleil. La Terre effectue un tour complet autour de son axe en 24 heures et passe ainsi du jour à la nuit.

Au printemps, le Soleil adoucit l'air et les jours sont plus lumineux. De l'autre côté de la Terre, c'est l'automne, les jours raccourcissent et il fait frais.

En été le Soleil brûle, l'air est très chaud et les jours sont plus longs que les nuits. De l'autre côté de la Terre c'est l'hiver, les jours sont plus courts que les nuits et il fait froid.

Qu'est-ce que le climat ? C'est le temps qu'il fait à un certain endroit durant l'année. Il dépend de la saison, de la force des rayons du Soleil (qui sont plus chauds à l'Équateur qu'aux pôles) et du milieu naturel (près de la mer le climat est plus doux qu'en montagne).

Axe de la Terre : axe imaginaire autour duquel la Terre tourne.

Vapeur : c'est le petit nuage qui se forme au-dessus de l'eau qui bout.

Comment se forment les nuages ? Si tu fais chauffer de l'eau sur le feu, tu verras sortir de la fumée : c'est l'eau qui se transforme en vapeur.

Les nuages se forment quand la chaleur du Soleil fait s'évaporer un peu de l'eau de la Terre.

Pourquoi pleut-il ? Les petites gouttes d'eau contenues dans les nuages s'unissent et deviennent suffisamment lourdes pour tomber.

Qu'est-ce qu'un arc-en-ciel ? La lumière est faite de couleurs invisibles. Quand le Soleil se reflète dans les gouttes de pluie, l'eau divise la lumière en sept couleurs.

Qu'est-ce que la grêle ? Chaque grêlon est une goutte d'eau qui gèle au contact de l'air froid et finit par tomber.

Pourquoi neige-t-il ? Quand il fait très froid, de minuscules cristaux de glace s'unissent pour former la neige.

Pourquoi tout tombe-t-il à terre ? La Terre est comme un énorme aimant. Lorsqu'un objet te semble lourd, c'est qu'il est attiré par une force invisible de la Terre qu'on appelle force de gravité.

C'est aussi grâce à la force de gravité que les gens qui sont de l'autre côté de la Terre n'ont pas la sensation d'avoir la tête en bas.

Qu'est-ce que le vent ? L'air va toujours des endroits les plus froids vers les plus chauds. Il se crée alors des courants d'air.

Que sont les éclairs ? Ce sont les gouttes d'eau à l'intérieur des nuages qui se heurtent et créent des décharges électriques lumineuses.

Le tonnerre est le bruit qui accompagne l'éclair. On l'entend après avoir vu l'éclair car la lumière va plus vite que le son.

Essaie de faire un arc-en-ciel selon les indications de la page 60.

Comment observer un flocon de neige ? Découvre-le page 60.

LA TERRE

Terre

ballon-sonde

avion

La Terre est notre
planète. C'est une boule
bouillonnante recouverte
d'une croûte froide
épaisse d'environ
40 kilomètres.

L'atmosphère protège la
Terre de la chaleur
excessive du Soleil.
La couche d'air la plus
proche de la Terre retient
la chaleur nécessaire à la
vie.

En certains endroits, la
croûte se fracture et
laisse échapper la
matière bouillonnante :
il se forme des volcans.

Quand des morceaux de
la croûte terrestre
bougent, il s'agit d'un
tremblement de terre.

Au cours des siècles,
le vent modèle les roches,
les polit et les
transforme.

Les mers et les fleuves
polissent aussi les roches
et modifient l'aspect
du sol.

Atmosphère :
couche
de gaz
qui entoure
les planètes
et les étoiles.

Pour faire une
collection
de pierres,
va voir page 60.

étoiles filantes

navette spatiale

Lune

La Terre a un satellite, la Lune, qui tourne autour d'elle. Terre et Lune tournent autour du Soleil.

La Terre exerce une force d'attraction sur la Lune et la Lune sur la Terre, ce qui les empêche de s'éloigner.

Les océans sont très sensibles à l'attraction de la Lune.

Si tu vas au bord de l'océan, tu peux voir l'eau se retirer ou monter sous l'influence de la Lune. On appelle ces mouvements de l'eau, les marées.

41

Force d'attraction :
force puissante
qui tire tout
vers elle.

L'UNIVERS

Dans l'Antiquité, les hommes croyaient que le ciel était une coupole pleine d'étoiles au-dessus de la Terre.

Quand Galilée a construit le premier télescope, il a été plus facile d'observer le ciel et de mieux connaître étoiles et planètes.

Nous savons aujourd'hui que le système solaire n'est qu'une petite partie de l'univers.

L'étoile que l'on appelle Soleil et ses planètes, dont la Terre, forment le système solaire qui se trouve dans une grande galaxie avec 400 milliards d'étoiles.

Par une nuit claire, tu peux voir notre galaxie : c'est la Voie lactée.

9 planètes, 43 satellites, des milliers d'astéroïdes, des dizaines de comètes, des millions de météorites tournent autour du Soleil.

42

Orion n'a pas toujours été une constellation ! Va voir page 60.

Découvre la Terre de la page 34 à la page 41.

Les anciens Grecs ont donné des noms de dieux aux planètes qui, comme la Terre, tournent autour du Soleil : Mercure, Mars, Vénus, Jupiter et Saturne. Uranus, Pluton et Neptune ont été découvertes plus tard.

Le petit vocabulaire du ciel

Galaxie : groupe d'étoiles.

Système solaire : ensemble des corps célestes qui tournent autour du Soleil.

Étoile : astre doté de sa lumière propre. Le Soleil est une étoile.

Planète : corps céleste qui tourne autour d'une étoile dont il reçoit la lumière. La Terre est une planète.

Satellite : corps céleste qui tourne autour d'une planète. La Lune est un satellite.

Météorite : fragment de roche ou de métal qui traverse l'atmosphère et peut tomber sur la Terre.

Astéroïdes : fragments de roche plus ou moins gros qui tournent autour du Soleil entre les planètes Mars et Jupiter.

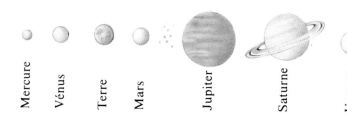

Soleil — Mercure — Vénus — Terre — Mars — Jupiter — Saturne — Uranus — Neptune — Pluton

Que sont les signes du Zodiaque ? Découvre-le page 60.

COMMENT LA VIE EST APPARUE SUR TERRE

Toutes les formes de vie terrestre ont leur origine dans la mer.

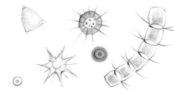

Il y a des millions d'années sont apparus les premiers animaux et les premières plantes.

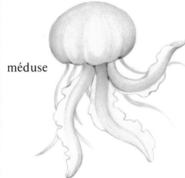

méduse

Les premières créatures de la mer étaient des invertébrés, des animaux sans os comme les méduses.

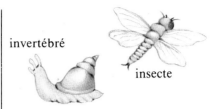

invertébré

insecte

Sur la terre, il n'y avait que des plantes. Puis sont apparus : insectes, invertébrés et amphibiens.

reptile primitif

Les premiers animaux vertébrés à vivre loin de l'eau ont été les reptiles, dotés de pattes puissantes qui leur permettaient de marcher.

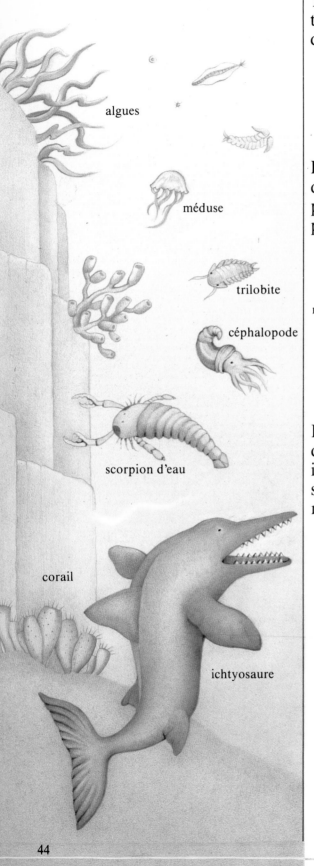

algues

méduse

trilobite

céphalopode

scorpion d'eau

corail

ichtyosaure

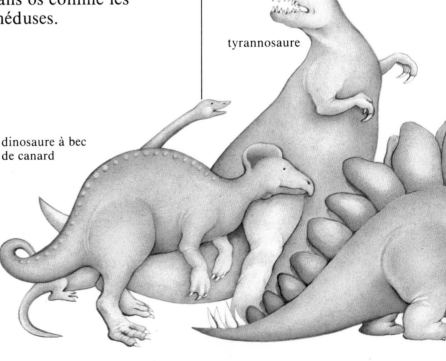

tyrannosaure

dinosaure à bec de canard

Découvre les records des dinosaures p. 61.

Pages 46-47, tu trouveras les descendants des animaux préhistorique

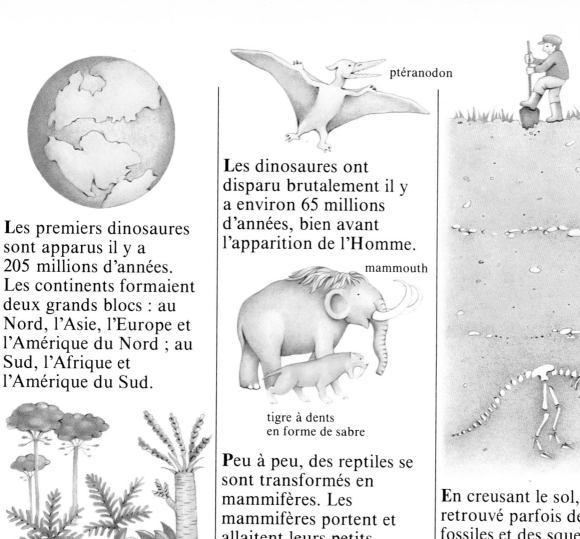

Les premiers dinosaures sont apparus il y a 205 millions d'années. Les continents formaient deux grands blocs : au Nord, l'Asie, l'Europe et l'Amérique du Nord ; au Sud, l'Afrique et l'Amérique du Sud.

Le climat était chaud et humide et les forêts recouvraient une grande partie de la Terre.

ptéranodon

Les dinosaures ont disparu brutalement il y a environ 65 millions d'années, bien avant l'apparition de l'Homme.

mammouth

tigre à dents en forme de sabre

Peu à peu, des reptiles se sont transformés en mammifères. Les mammifères portent et allaitent leurs petits. L'Homme est le dernier mammifère apparu.

En creusant le sol, on a retrouvé parfois des fossiles et des squelettes de dinosaures. C'est ce qui a permis de retracer l'histoire de la vie sur la Terre.

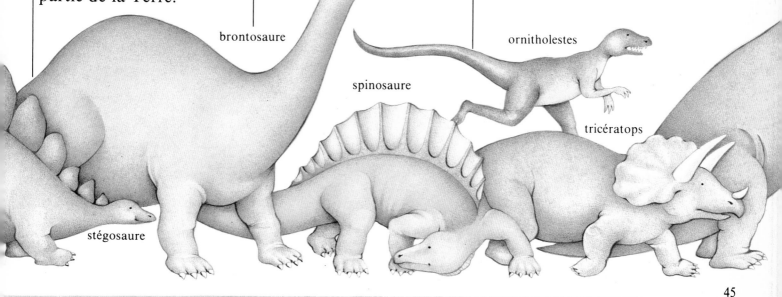

brontosaure

spinosaure

ornitholestes

tricératops

stégosaure

45

Fossiles : restes des organismes qui ont vécu à des époques très lointaines.

LES ESPÈCES ANIMALES

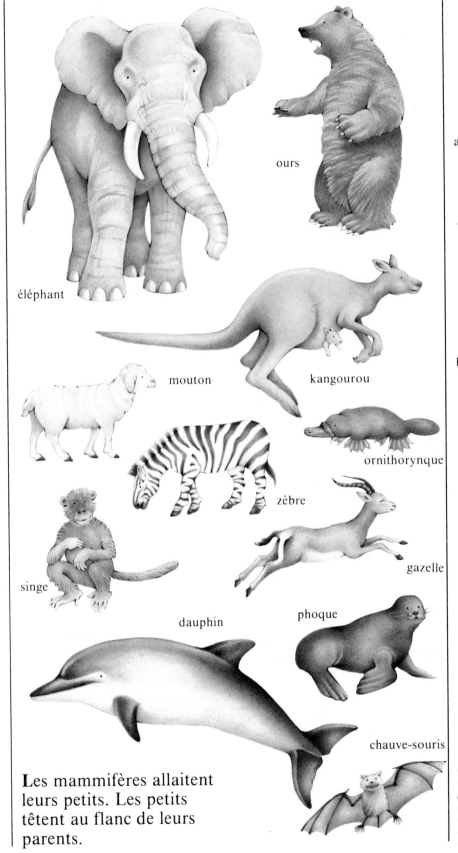

éléphant

ours

mouton

kangourou

zèbre

singe

ornithorynque

gazelle

dauphin

phoque

chauve-souris

Les mammifères allaitent leurs petits. Les petits têtent au flanc de leurs parents.

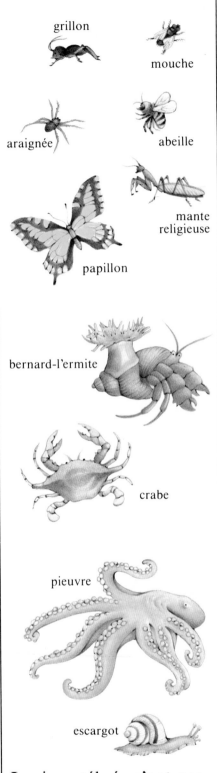

grillon

mouche

araignée

abeille

papillon

mante religieuse

bernard-l'ermite

crabe

pieuvre

escargot

Les invertébrés n'ont pas de squelette. Certains, tel le crabe, sont protégés par une carapace.

Découvre page 61 pourquoi certains animaux risquent de disparaître.

colibri

mouette

hirondelle

oie

pélican

flamant

manchot

condor

**Les oiseaux ont
des plumes et des ailes.
Ils pondent des œufs.**

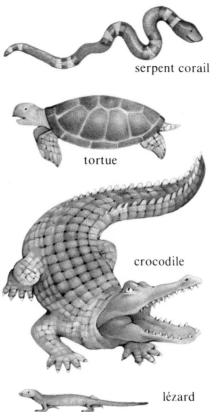

serpent corail

tortue

crocodile

lézard

**Les reptiles ont le corps
recouvert d'écailles.
Ils pondent des œufs sur
la terre ferme.**

salamandre

grenouille

triton

**Les amphibiens vivent
dans l'eau et sur terre.
Ils changent d'aspect
pendant leur croissance.**

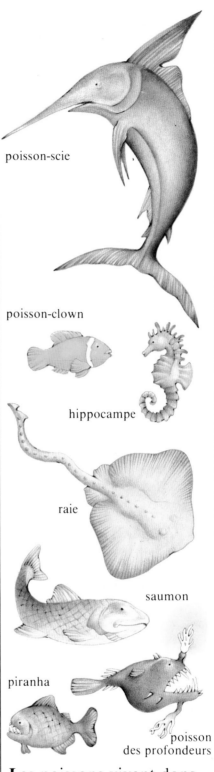

poisson-scie

poisson-clown

hippocampe

raie

saumon

piranha

poisson
des profondeurs

**Les poissons vivent dans
l'eau, ils respirent grâce
à leurs branchies et
avancent avec leurs
nageoires.**

Pages 26 à 31,
découvre les
animaux utiles
à l'Homme.

NOS AMIS LES ANIMAUX

chiens de traîneau

dromadaire

bœuf

cheval

âne

L'Homme utilise les animaux soit pour leurs capacités (les chats chassent les souris, les cormorans pêchent) ; soit pour leur puissance (les éléphants peuvent soulever de lourdes charges, le cheval peut tirer et courir, l'âne porter longtemps un fardeau). Il en utilise aussi les produits, comme le lait des vaches ou les œufs des poules.

cormoran

chien guide d'aveugle

hamster

L'Homme aime aussi avoir avec lui des animaux de compagnie : chien, chat, hamster, oiseaux, poissons.

48

Regarde pages 32-33 quels sont les animaux les plus chers à l'Homme.

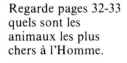

Les animaux sont aussi utiles à la ferme. Va voir page 27.

EUX AUSSI BATTENT DES RECORDS !

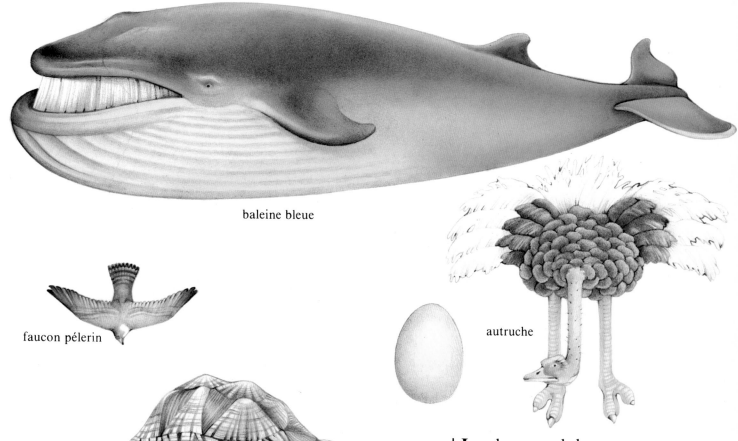

baleine bleue

faucon pélerin

autruche

tortue terrestre

éléphant

Le plus grand des animaux est la baleine bleue qui peut mesurer 33 mètres de long et peser 130 tonnes.

Le plus rapide est le faucon pélerin qui atteint 360 km/h en piqué.

L'œuf le plus gros est celui de l'autruche : il peut peser 1,5 kg.

Le record de longue vie des animaux est détenu par la tortue terrestre qui peut atteindre 220 ans.

A lui seul, l'éléphant détient un maximum de records : il a le nez et les dents les plus longs, les oreilles les plus grandes.

49

Pour en savoir plus sur les records chez les animaux, regarde page 61.

LES ANIMAUX DANS LE MONDE

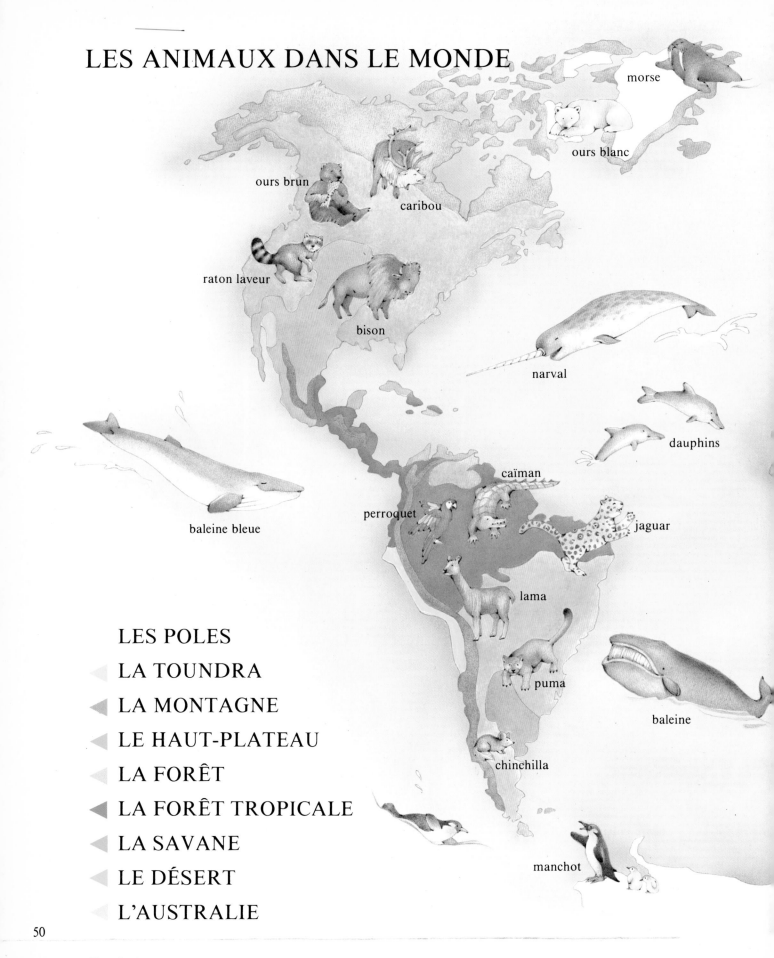

morse

ours blanc

ours brun

caribou

raton laveur

bison

narval

dauphins

baleine bleue

caïman

perroquet

jaguar

lama

LES POLES

◀ LA TOUNDRA

◀ LA MONTAGNE

◀ LE HAUT-PLATEAU

◀ LA FORÊT

◀ LA FORÊT TROPICALE

◀ LA SAVANE

◀ LE DÉSERT

◀ L'AUSTRALIE

puma

baleine

chinchilla

manchot

Cherche les animaux des fleuves et des mers pages 34 à 37.

Ouvre la page...

phoque

macareux

oies

lemming

renne

renard arctique

élan

cigogne

panda

renard

ours brun

blaireau

sanglier

léopard

thon

chameau

éléphant

hirondelles

zèbre

crocodile

buffle

tigre

gazelle

girafe

orang-outan

éléphant

singe

lion

hippopotame

koala

kangourou

rhinocéros

requin

varan

55

et découvre le milieu naturel des animaux.

LE TRAVAIL HUMAIN

enseignant   élèves   surveillant

boulanger   journaliste   marin   peintre   garde forestier   homme-sandwich

scientifique   maçon   styliste   boucher   cameraman   présentatrice

Nous avons besoin du travail de plusieurs personnes pour pouvoir rester en bonne santé, voyager, nous distraire.

L'Homme a inventé des machines très complexes et différents moyens de transport pour simplifier son travail.

De nombreuses inventions ont permis à l'humanité de vivre plus longtemps et de satisfaire sa curiosité et sa soif de connaissances.

dentiste   assistante dentaire

animaux malades   vétérinaire

56

Regarde page 22 les tenues qui correspondent à des métiers particuliers.

LES MOYENS DE TRANSPORT

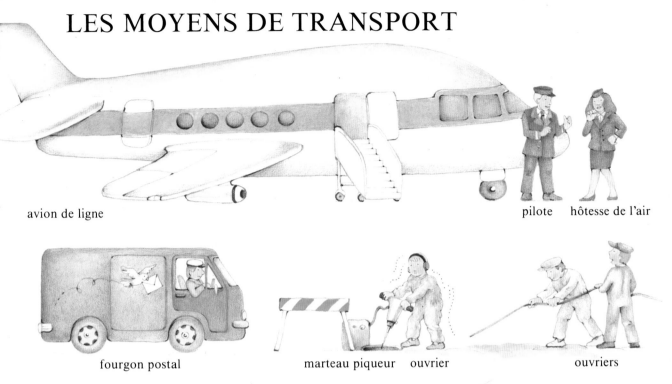

avion de ligne

pilote hôtesse de l'air

fourgon postal

marteau piqueur ouvrier

ouvriers

nfirmier ambulance infirmière

pompier

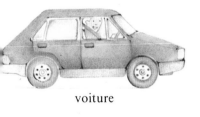

voiture

passants

camion-grue

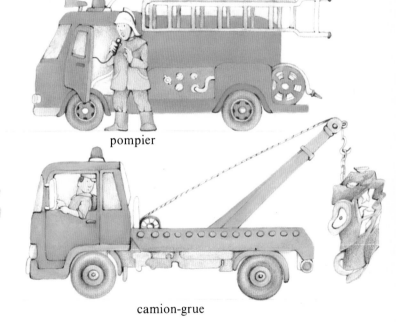

train chef de gare

DES JEUX, DES IDÉES
POUR S'AMUSER ET APPRENDRE

Raconte ton histoire

Si tu aimes regarder des photos de toi quand tu étais petit et écouter le récit de tes faits et gestes, tu peux faire le livre de ta vie.

Choisis les photos que tu préfères et demande à tes parents s'ils ont conservé des dessins de toi.

Tu peux photographier tes premiers chaussons, ton bavoir et d'autres objets, et demander à tes grands-parents, à tes oncles ou à tes frères et sœurs aînés de raconter un épisode amusant de ta vie.

Puis, prends un album, de la colle, des ciseaux et des crayons de couleur. Découpe et colle ce que tu as récolté, écris les histoires qu'on t'aura racontées et tes souvenirs. Sur la couverture de l'album, mets le titre : "Histoire de ma vie".

Un jeu d'épreuves

Pour tester les capacités de ton corps, organise un jeu d'épreuves avec tes amis.

Voici quelques idées :
— Faire dix pas en courant avec, entre les dents, une cuillère qui contient une balle de ping-pong.
— Lancer un ballon dans un panier éloigné de cinq pas.
— Marcher avec un livre en équilibre sur la tête.
— Passer sous une chaise sans la déplacer.
Voici encore d'autres épreuves plus difficiles, mais plus amusantes !

— Enlever le papier de trois bonbons avec des gants de ski.
— Les mains derrière le dos, essayer de mordre dans une pomme pendue à un fil.
Qui sera le vainqueur ?

Recette exotique

Les pommes de terre et les tomates sont des légumes communs. Pourtant, ils viennent de loin : ils ont été importés d'Amérique du Sud il y a très longtemps.

Tu peux donc parier avec tes amis que des pommes de terre ou des tomates en salade, c'est une recette exotique ! Mais en voici une qui va véritablement les dépayser :

Il te faut : 100 gr de riz cuit, deux bananes, un avocat, une demi-boîte d'ananas en tranches, quelques raisins secs, du vinaigre, de l'huile. Fais gonfler les raisins secs dans de l'eau vingt minutes. Pendant ce temps, coupe les bananes, l'avocat et l'ananas en morceaux. Mélange le tout au riz et assaisonne.

Travaille l'argile

C'est dans l'Antiquité que l'Homme a fabriqué les premières briques en argile. On trouve l'argile dans la nature, mais tu peux aussi en acheter dans le commerce.
Si tu veux la travailler comme les hommes de l'Antiquité et fabriquer des objets, voici des conseils. Conserve l'argile toujours humide et travaille-la par petites quantités. Pétris-la bien pour éliminer les bulles d'air.
Si tu veux construire une maison miniature, divise l'argile en morceaux et fais-en des petites briques. Utilise-les une fois sèches.

Tu peux aussi fabriquer une coupelle. Fais une boule avec l'argile travaillée, creuse-la et aplatis les bords. Quand l'argile sera bien sèche, tu pourras te servir de la coupelle pour y mettre de petits objets.

Pour penser à tout ce qu'il faut à ton animal de compagnie : un aide-mémoire.

Pour ne rien oublier de ce qu'il faut à ton animal, achète un carton, colle dessus sa photo, avec, à côté, un petit bloc-notes. Sur le carton à côté du bloc, écris les mots "nourriture", "achats", "vétérinaire", "médicaments" etc...
Perce un trou en bas du carton et attaches-y un crayon avec une ficelle. Tu pourras ainsi écrire sur le bloc tout ce dont tu devras te souvenir.

Prends des photos de ton animal

Tu peux aussi t'amuser avec ton animal en le prenant en photo :
— mets-le dans un endroit bien éclairé, dépourvu d'ombre.
— prends les photos en te tenant à cinq pas si l'animal est grand, à deux s'il est petit.

Comment dresser ton animal

Les animaux de compagnie ont confiance en l'Homme et sont faciles à dresser. Mais il faut beaucoup de patience et de tendresse. Déplace-toi lentement. Parle peu, doucement, pour que l'animal s'habitue et commence à comprendre ton langage. Habitue-le à un seul exercice chaque fois et fais alterner périodes de travail et de repos. Tu pourras ainsi apprendre au chien à porter des objets, au mainate à parler, au hamster à venir sur ta main. N'oublie jamais de récompenser ton animal avec un peu de nourriture et des caresses. S'il lui arrive de se tromper, dis-lui "non" avec fermeté et recommence l'exercice.

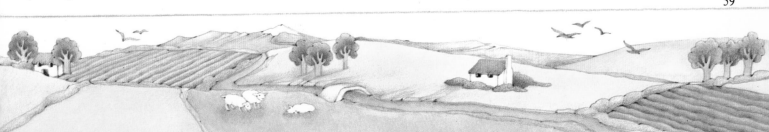

Observe et apprends

Il suffit simplement d'avoir envie de savoir, de quelques instruments et d'une bonne vue pour faire des découvertes. As-tu déjà observé un flocon de neige à la loupe ? Tu verras que chaque flocon est un cristal parfait, différent de tous les autres.

Sais-tu que si tu fais sortir l'eau du tuyau d'arrosage quand tu as le soleil derrière toi, tu peux réussir à obtenir un arc-en-ciel ?

Si tu observes un brin d'herbe au microscope, tu verras que même s'il paraît lisse à l'œil nu, il est en réalité strié et couvert de poils.

Si tu observes la Lune au télescope, tu verras que sa surface est couverte de cratères.

Et si tu es curieux, tu verras que l'on n'a jamais fini d'explorer le monde qui nous entoure.

Les signes du Zodiaque

Il y a 12 signes du Zodiaque, correspondant aux positions du Soleil dans le ciel au cours de l'année. Ton signe est celui où se trouvait le Soleil à ta naissance. Cherche-le :

— **Bélier** (21 mars - 20 avril) **Taureau** (21 avril - 21 mai) **Gémeaux** (22 mai - 21 juin) **Cancer** (22 juin - 22 juillet) **Lion** (23 juillet - 22 août) **Vierge** (23 août - 22 septembre) - **Balance** (23 septembre - 22 octobre) - **Scorpion** (23 octobre - 21 novembre) - **Sagittaire** (22 novembre - 20 décembre) - **Capricorne** (21 décembre - 20 janvier) - **Verseau** (21 janvier - 19 février) - **Poissons** (20 février - 20 mars)

Chaque étoile a sa légende

Les anciens Grecs ont donné aux constellations le nom de personnages mythiques auxquels étaient liés une légende. Orion, par exemple, était un chasseur. Il fut tué par Artémis, déesse de la chasse, qui l'avait surpris à la regarder. Les autres divinités demandèrent à Jupiter, le dieu des dieux, de le transformer en constellation.

Par une claire nuit d'été, tu peux encore admirer Orion et sa nébuleuse.

Collectionne roches et minéraux

L'eau, la pluie, le vent et les tremblements de terre modifient le paysage. Si tu regardes avec attention les pierres, tu peux découvrir les changements qu'elles ont subis : il existe des pierres rondes, polies par l'eau des mers ou des fleuves, des pierres poreuses comme des éponges qui se sont formées dans le feu, telles celles qu'on trouve près des volcans.

Si tu veux collectionner des pierres, fixe-les sur un plateau de bois et écris sur des étiquettes adhésives la date et le lieu de leur ramassage.

L'âge d'un arbre

Tu peux découvrir l'âge d'un arbre en observant son tronc coupé. Au printemps, les arbres ont un bois plus clair qu'en hiver. Sur un tronc coupé, tu peux remarquer l'alternance d'anneaux clairs et foncés. Le nombre d'anneaux clairs, ou d'anneaux foncés, t'indiquera l'âge de l'arbre.

Un herbier

Si tu aimes les fleurs et les feuilles, si tu veux les connaître, confectionne un herbier.
Fixe les fleurs et les feuilles récoltées quand elles ne sont pas encore sèches entre deux feuilles de buvard. Évite qu'elles se touchent. Mets le tout sous une pile de livres. Quand feuilles et fleurs seront bien sèches, fixe-les sur un carton avec très peu de colle.
Écris la date et le lieu de leur récolte et reporte-toi à un livre qui t'apprendra à les reconnaître.

Sème, cultive et récolte

Tu peux, sans difficulté, faire pousser des herbes chez toi. Achète des graines de froment, de cresson et de soja chez le grainetier. Fais-toi donner un morceau de charbon de bois.
Recouvre le fond d'un plat avec de la ouate sur laquelle tu poseras le charbon de bois. Puis humidifie la ouate avec de l'eau.

Lave les graines et dispose-les dans le plat. Maintiens-les dans l'obscurité quelques jours en gardant la ouate humide. Dès que les graines ont germé, mets le plat à la lumière près d'une fenêtre. Dès que les germes auront atteint 3 ou 4 centimètres, tu pourras les couper et les ajouter à ta salade. C'est plein de vitamines !

Records chez les dinosaures

Comme tu peux l'imaginer, les dinosaures aussi ont eu leurs records.
Par exemple, sais-tu qu'on a trouvé plus de huit kilos de pierres dans le ventre d'un reptile marin ? Sais-tu que le ptéranodonte, une espèce de dragon volant, avait une envergure égale à une ligne de six personnes se tenant bras écartés à côté l'un de l'autre ?
Le tyrannosaure, lui, mesurait six mètres de haut, autant qu'une girafe.

Pourquoi certains animaux risquent de disparaître

Certains animaux risquent de disparaître. C'est arrivé par le passé, cela peut se reproduire. Les raisons en sont nombreuses et liées à l'activité des hommes. Si on exploite une forêt entière, on détruit le fragile équilibre de la nature. Si on recherche des fourrures précieuses, on risque de faire disparaître de nombreux animaux. Et par la pollution, l'Homme rend difficile la vie des animaux. Heureusement, il existe des hommes qui protègent la nature et essaient de sauver la vie des animaux menacés. On a créé des réserves où la chasse est interdite. Des zones ont été repeuplées avec les espèces qui s'en étaient éloignées.
L'Homme peut donc aimer et protéger la nature et sensibiliser les enfants à ce problème. C'est seulement ainsi qu'il peut défendre son environnement.